STICKER
ART BOOK THE DOG
스티커 아트북-강아지

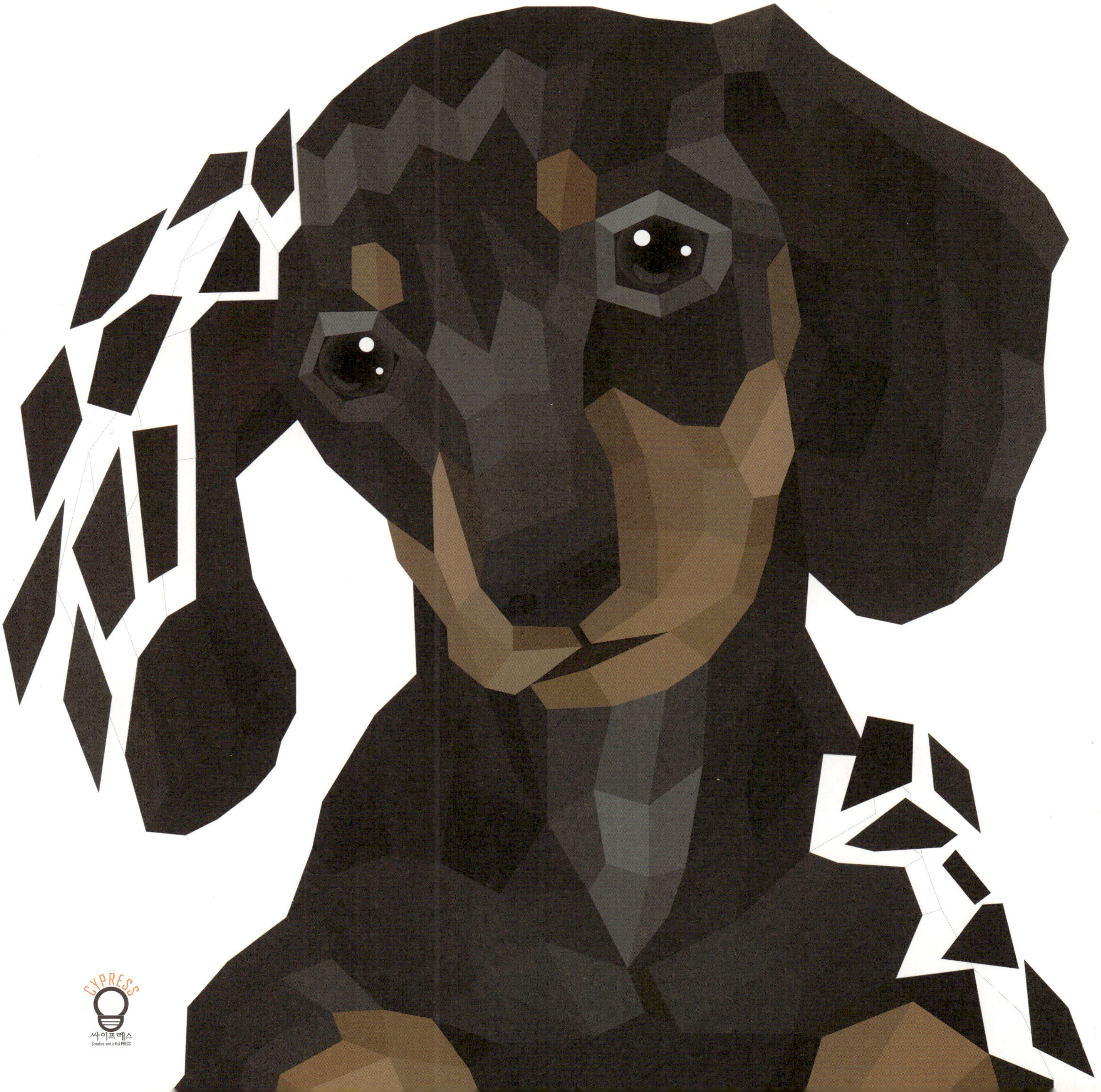

스티커 아트북-강아지

초판 1쇄 발행 2020년 3월 13일
초판 19쇄 발행 2024년 3월 15일

지은이 콘텐츠기획팀
펴낸이 김영조
편집 김시연 | **디자인** 이병옥 | **마케팅** 김민수, 구예원 | **제작** 김경묵 | **경영지원** 정은진
일러스트 여승규 | **교정** 김혜원, 오진하 | **외주디자인** 김영심
펴낸곳 싸이프레스 | **주소** 서울시 마포구 양화로7길 44, 3층
전화 (02)335-0385/0399 | **팩스** (02)335-0397
이메일 cypressbook1@naver.com | **홈페이지** www.cypressbook.co.kr
블로그 blog.naver.com/cypressbook1 | **포스트** post.naver.com/cypressbook1
인스타그램 싸이프레스 @cypress_book | **싸이클** @cycle_book
출판등록 2009년 11월 3일 제2010-000105호

ISBN 979-11-6032-079-4 13630

· 이 책은 저작권법에 따라 보호를 받는 저작물이므로 무단 전재 및 무단 복제를 금합니다.
· 책값은 뒤표지에 있습니다.
· 파본은 구입하신 곳에서 교환해 드립니다.
· 싸이프레스는 여러분의 소중한 원고를 기다립니다.

HOW TO USE STICKER ART BOOK

스티커 아트북, 이렇게 활용하세요!

이 책은 10가지 폴리곤 아트(Polygon Art) 작품에 스티커를 붙여 완성하는 액티비티북(Activity Book)입니다. 폴리곤 아트는 이미지를 도형으로 나누어 입체감 있게 표현하는 미술 기법을 뜻합니다. 바탕지에 이 책의 스티커를 모두 붙여 완성하면 입체감 있는 작품을 감상할 수 있을 거예요. 또한 스티커 아트북을 완성하는 과정은 단순히 스티커를 붙이는 행위에서 끝나지 않고 집중력을 기르는 명상으로까지 이어집니다.

책은 크게 앞부분의 작품 면과 뒷부분의 스티커 면으로 나뉩니다. 작품 면에는 실제 스티커를 붙일 수 있는 바탕지 10개가 쉬운 작품부터 난이도별로 나열되었고, 스티커 면에는 바탕지를 채울 수 있는 스티커가 있습니다. 앞에서 작품을 고른 다음 해당하는 스티커 면을 찾아서 작업하면 됩니다. 스티커 면 나열 순서는 작품 나열 순서와 일치합니다.

책의 내용을 확인했다면 이제 스티커를 붙여볼까요?

1. 완성하고 싶은 작품을 고릅니다
다음 페이지를 펼치면 이 책에 나오는 10가지 작품의 완성된 모습을 확인할 수 있어요. 여기서 마음에 드는 작품을 고르세요. 여러 개를 동시에 붙이다 보면 헷갈릴 수 있으니 한 번에 한 작품씩 골라서 도전하는 게 좋아요. 작품은 스티커의 크기가 커서 금방 완성할 수 있는 것부터 스티커가 작고 많아 붙이기 어려운 것 순으로 정렬되었습니다. 처음에는 앞부분의 쉬운 작품을 택해 감을 익히도록 하세요.

2. 스티커를 떼어내어 해당 번호에 붙입니다
모든 스티커는 손으로 쉽게 떼어낼 수 있습니다. 스티커를 떼어낸 다음 작품 면의 해당 번호 부분에 붙이세요. 붙일 때는 되도록 선을 벗어나지 않도록 주의하는 게 좋습니다. 선에 딱 맞게 붙여야 깔끔한 작품이 완성되거든요.

3. 책에서 작품을 뜯어내어 전시할 수 있습니다
스티커를 모두 붙여 작품을 완성했다면 작품 면을 책에서 뜯어내어 벽에 붙이거나 액자에 넣어 감상해도 좋습니다.

참고하세요!
작품 면과 스티커 면을 왕복하는 과정이 복잡하다면 스티커 면이나 작품 면을 책에서 뜯어낸 다음 붙이세요. 책의 모든 페이지에 뜯어내기 쉽도록 절취선을 넣었으니 이 선에 맞추어 천천히 뜯어내면 됩니다.

CONTENTS
한눈에 보는 스티커 아트

1 그레이 하운드 바탕지…7 | 스티커…29~32

2 프렌치 불도그 바탕지…9 | 스티커…33~36

3 비글 바탕지…11 | 스티커…37~40

4 요크셔 테리어 바탕지…13 | 스티커…41~44

5 포메라니안 바탕지…15 | 스티커…45~48

6 닥스훈트 바탕지…17 | 스티커…49~56

7 시추 바탕지…19 | 스티커…57~60

8 웰시 코기 바탕지…21 | 스티커…61~68

9 진돗개 바탕지…23 | 스티커…69~76

10 치와와 바탕지…25 | 스티커…77~84

일러두기
모든 바탕지의 뒷면에는 해당 바탕지의 강아지 정보를 실었습니다.
스티커를 붙이며 강아지와 조금 더 가까워지는 시간을 가져 보세요.

그레이 하운드 Grey Hound

세계에서 가장 빠른 개. 시속 70km에 육박하는 속력으로 달릴 수 있다. 길게 쭉 뻗은 다리를 가진 근육질 체형이 특징이며, 길고 얇은 꼬리, 뒤로 젖혀진 귀, 270도의 넓은 시야, 단모종의 털 등 스피드를 내기에 적합한 신체 조건을 가지고 있다. 지구력을 겸비한 체력에 관찰력과 민첩성이 뛰어나서 훈련을 받은 그레이 하운드는 토끼 사냥견으로 활약했다. 일반적으로 침착하고 정이 많아 주인에게 충직하며 아이들과도 잘 어울린다.

프렌치 불도그 French Bulldog

영국의 불도그가 프랑스로 전해져 다른 종들과의 교배로 현재의 프렌치 불도그가 된 것으로 보인다. 머리가 크고 눈 사이의 간격이 넓으며 낮은 코가 특징이다. 귀의 형태에 따라 뒤쪽으로 접힌 장미 귀(rose ear)와 박쥐처럼 크고 곧은 박쥐 귀(bat ear)로 나뉘는데, 유럽에서는 장미 귀, 미국에서는 박쥐 귀를 가진 불도그가 인정받는다. 짧고 가느다란 털에 윤기가 흐르며, 빛깔은 흰색, 황갈색, 검은색을 띠고 얼룩무늬가 있는 경우도 있다. 몸통은 짧고 둥글며 목이 굵고 어깨가 넓다. 앞다리는 짧고 통통하며 간격이 넓게 벌어졌고, 앞다리보다 뒷다리가 길어 허리가 어깨보다 높다. 호기심 많고 활동이 왕성한 편이며 적응력과 친화력이 좋아 반려견으로 사랑받는 종이다.

비글 Beagle

비글은 귀 끝이 둥글고 축 늘어져 있으며 눈이 커서 귀엽고 영리해 보인다. 활발하고 낙천적이고 애교가 많아 어린이들에게 훌륭한 친구 역할을 해주어 만화 〈스누피〉의 모델이 되기도 했다. 작고 단단한 근육질 체형에 왕성한 활동량을 가지고 있어서 실내에 묶어두거나 가두어 키우기에 적합하지 않다. 비만이 되기 쉬워서 매일 일정량 운동을 시켜야 하며, 고집이 센 편이어서 어릴 때부터 엄격한 훈련이 필요하다.

요크셔 테리어 Yorkshire Terrier

영국 요크셔 지방에서 쥐잡이용 강아지로 인기가 높았던 소형견. '움직이는 보석'이라는 별칭처럼 반짝이는 긴 털에 작고 귀여운 얼굴을 가졌다. 외로움을 많이 타고 소유욕과 질투심이 많은 만큼 주인에게 애정과 헌신을 다한다. 영리하여 위험 상황을 알아채고 큰 소리로 짖어 알려주기도 하지만 고집이 세서 평소에도 잘 짖는 편이기 때문에 훈련이 필요하다. 운동량이 적고 좁은 공간에서도 잘 적응하기 때문에 집 안에서 키우기 좋으나 장모종인 만큼 매일 빗질을 해주어 털 관리에 신경 써야 한다.

포메라니안 Pomeranian

아이슬란드에서 썰매를 끌던 개가 조상인 포메라니안은 짧고 둥근 몸통에 풍성하게 부푼 털이 특징이다. 짧고 뾰족한 주둥이로 여우와 비슷한 인상에 작은 귀가 꼿꼿하게 서 있고, 눈이 작아 특유의 귀여움으로 사랑받는다. 꼬리가 몸 쪽으로 둥글게 말려 올라간 것이 특징이며, 검은색, 흰색, 갈색 등 다양한 털빛을 지닌다. 귀여운 외모에 욕심 많고 애정을 갈구하는 성격이다. 고집이 세기도 하여 응석을 너무 받아주다 보면 통제가 어려울 수 있으므로 주의가 필요하다. 털이 많이 빠지는 편이기 때문에 털 관리에 신경 써야 하는 품종 중 하나이다.

닥스훈트 Dachshund

독일어로 '오소리 사냥개'란 의미가 담겨 있다. 이름처럼 오소리나 토끼 사냥에 활약했고, 특징이 외형에 그대로 나타난다. 다리가 짧고 허리가 길며 후각이 뛰어나다. 가슴 부분이 돌출된 근육질 체형이며, 영리하고 용감하고 충직한 기질을 지녔다. 애정이 많은 성격이기도 해서 명랑하고 사교적이며 장난기가 많은데, 짖거나 무는 성향이 있어서 어릴 때부터 단호하게 훈련해 주어야 한다. 비만해지기 쉽고 허리가 길어서 디스크에 걸릴 가능성이 높아 건강 관리에 주의가 필요하다.

시추 Shih Tzu

사자 갈기처럼 늘어진 털 때문에 중국어로 '사자견'이란 뜻의 이름을 가졌다. 둥근 얼굴에 납작한 코, 크고 동그란 눈이 애교 있고 귀여운 인상을 준다. 외모뿐만 아니라 성격도 밝고 다정하고 친화력 있어 많은 이들에게 사랑받는 품종이다. 감정이 풍부한 편이어서 사람의 감정을 잘 읽는다. 아이들과 어울리기에 좋은 성격이지만 주인만 따르는 새침함과 강한 자존심 때문에 칭찬하면서 훈련을 하는 것이 좋다. 눈이 튀어나온 편이어서 안구 질환에 유의해야 하며, 털 관리에 손이 많이 가기 때문에 몸통의 털은 짧게 깎고 머리 부분만 기르곤 한다.

웰시 코기 Welsh Corgi

영국 웨일스 지역에서 소몰이를 하던 품종이다. 소의 다리에 차이지 않게 하려고 개량된 짧은 다리와 여우처럼 곧게 선 귀, 걸을 때마다 씰룩거리는 엉덩이가 특징이다. 대체로 느긋한 성격이지만 운동이나 훈련을 할 때는 빠른 움직임과 왕성한 활동량을 보인다. 놀기 좋아하고 훈련 효과가 높기 때문에 어린이와 함께 생활하기에도 적합하다. 다만, 하루에 두 차례 이상의 운동을 시켜야 하기 때문에 활동을 함께할 사람과 넓은 공간이 있는 환경에서 키우는 것이 좋다. 털이 많이 빠지기 때문에 꾸준히 빗질을 해주어야 하며, 다리가 짧고 허리가 길기 때문에 디스크 발생률이 높으니 예방에 신경 써야 한다.

진돗개 Jindo Dog

천연기념물 제53호로 지정된, 전남 진도에서 나는 우리나라의 특산종이다. 곧게 선 귀와 역삼각의 얼굴형, 굵은 목의 체형으로 다부져 보인다. 강하고 윤기 있는 겉털로 뒤덮여 있으며, 얼굴에는 부드러운 털이 빽빽하게 나 있고 꼬리 부분의 털은 긴 편이다. 황색 또는 백색의 빛깔로 황구, 백구로 나뉜다. 곧게 뻗은 앞다리와 힘 있게 버티고 있는 뒷다리의 자세에서 느낄 수 있듯이 충성심이 강하고 용맹하다. 자신의 몸집보다 큰 맹수에게도 겁먹지 않으며 한 번 물면 놓지 않는 근성이 있어 수렵견으로도 자질이 뛰어나다. 복종심과 충성심이 강한 만큼 첫 주인을 잊지 못하는 편이며, 낯선 사람을 경계하여 만지는 것을 좋아하지 않는다. 또한 귀소본능이 뛰어나기로 유명하다.

치와와 Chihuahua

'세계에서 가장 작은 개'라고 불리는 치와와는 멕시코의 치와와 주가 원산이다. 가운데가 파인 사과 형태의 작은 얼굴, 여기에 툭 튀어나온 커다란 눈과 크고 쫑긋한 귀가 특징이다. 털빛은 검은색, 붉은색, 담황색 등 다양하다. 다부진 체형에 쾌활한 표정으로 빠른 움직임을 보인다. 머리를 높이 들고, 가벼우면서도 힘차고 긴 보폭으로 걸어 우아함을 뽐낸다. 애교와 품위를 겸비하고 있지만 질투심과 독점욕이 강해 주인을 독차지하려는 성향을 보이며, 다른 개에게 절대 지지 않으려 한다. 멕시코 지역의 품종인 만큼 추위에 민감하므로 겨울 산책 시 장시간 추위에 노출되지 않도록 주의를 기울여야 한다.

STICKERS
THE DOG

1 그레이 하운드 스티커…29~32

2 프렌치 불도그 스티커…33~36

3 비글 스티커…37~40

4 요크셔 테리어 스티커…41~44

5 포메라니안 스티커…45~48

6 닥스훈트 스티커…49~56

7 시추 스티커…57~60

8 웰시 코기 스티커…61~68

9 진돗개 스티커…69~76

10 치와와 스티커…77~84

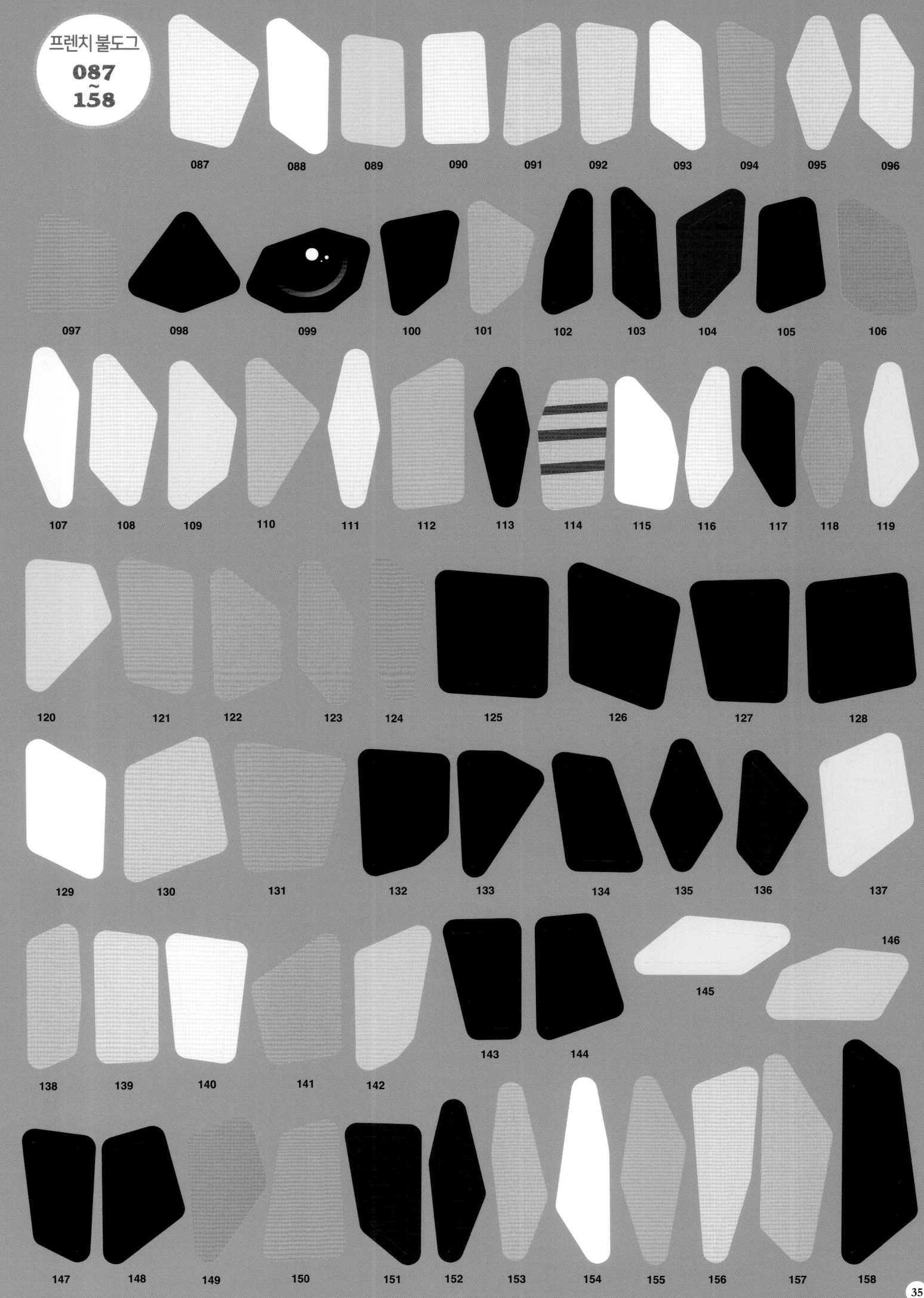

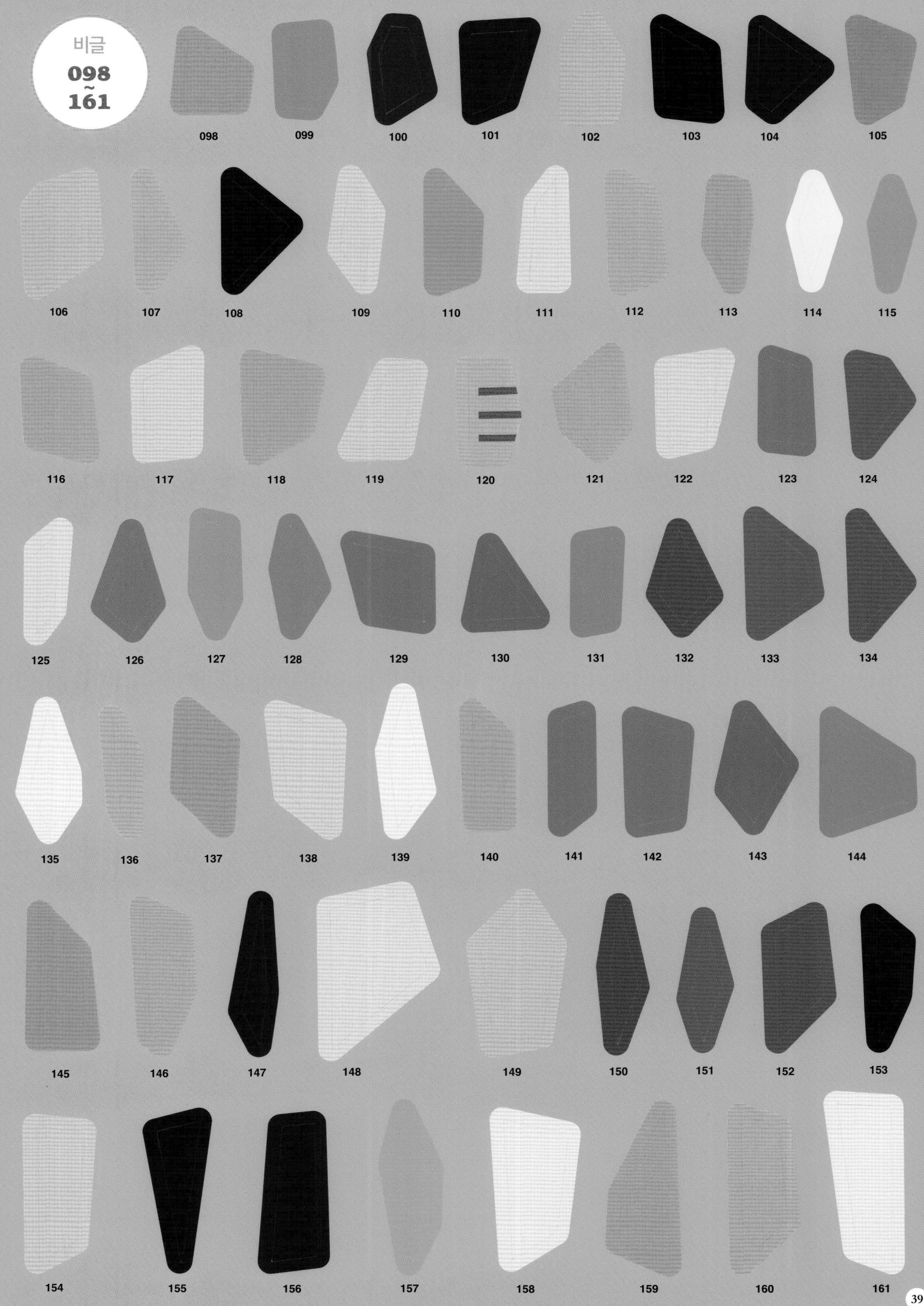

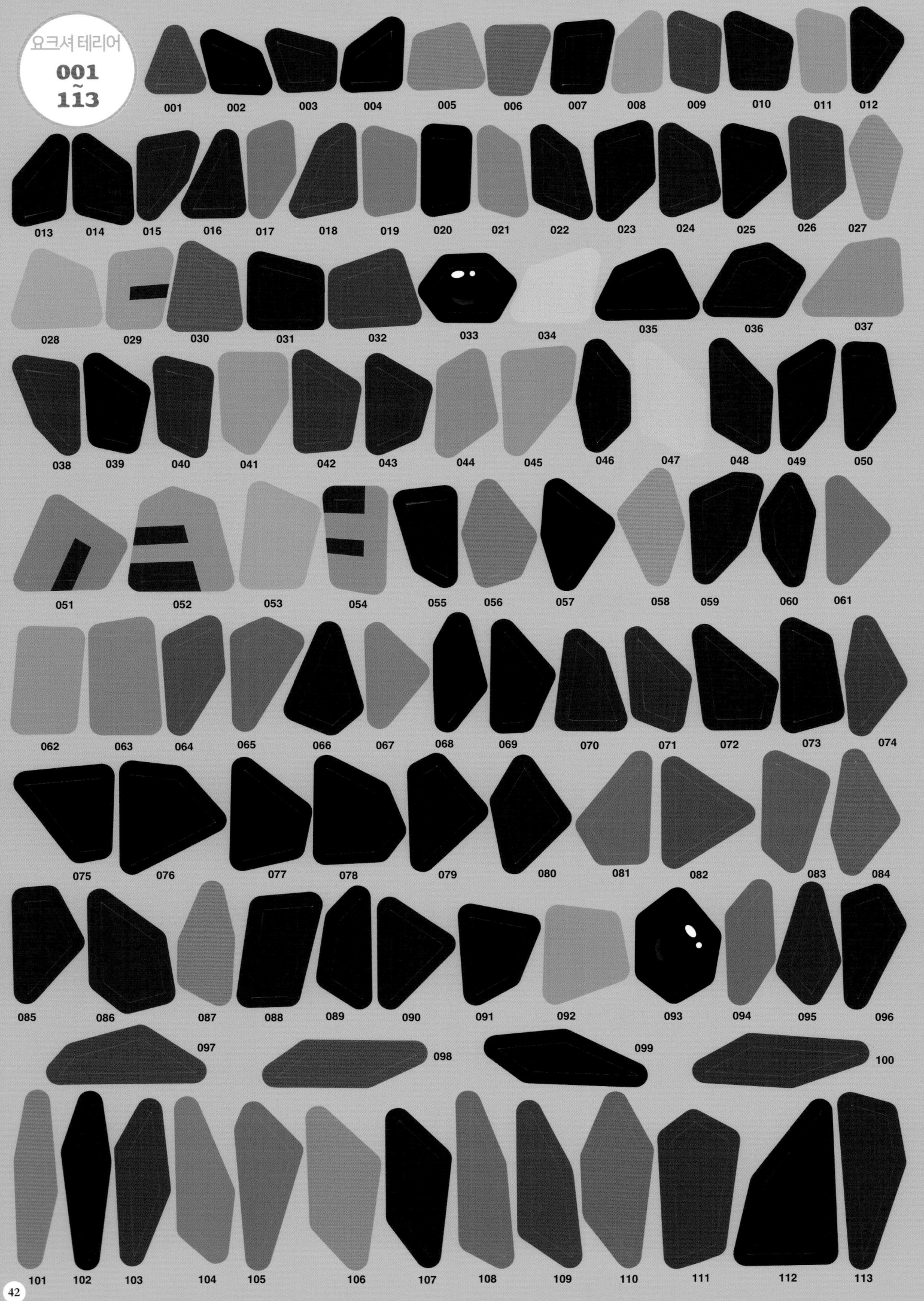

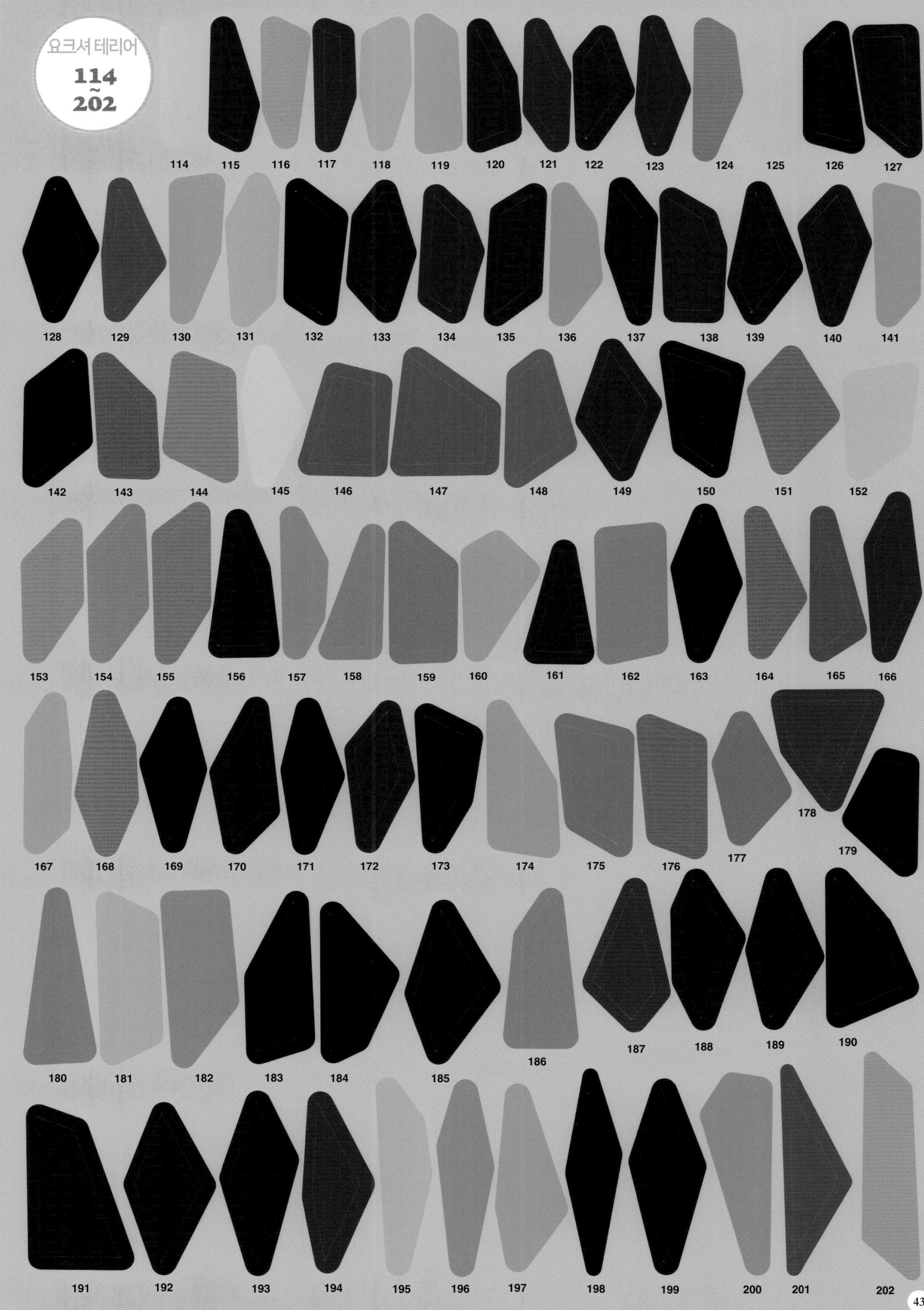

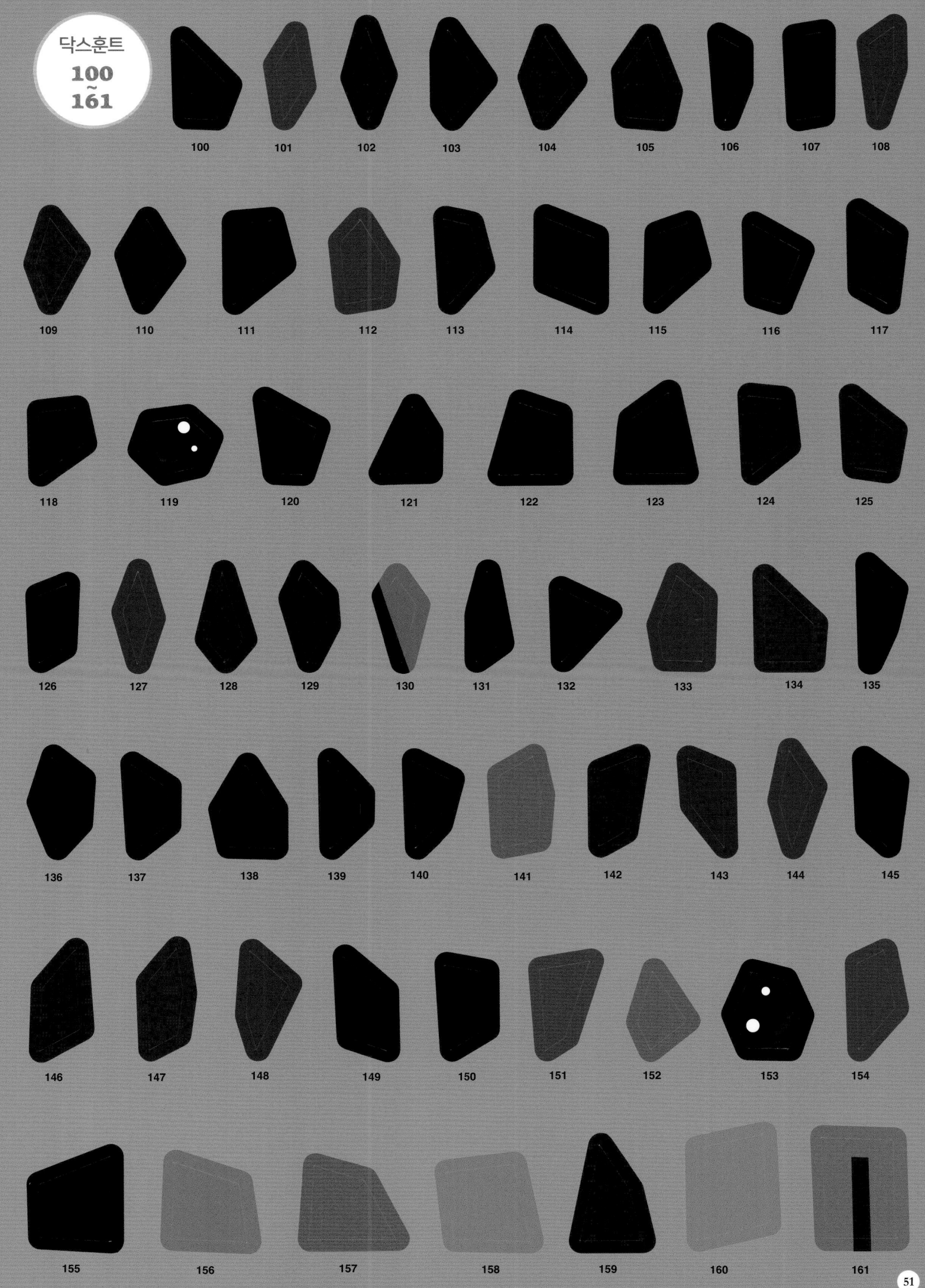

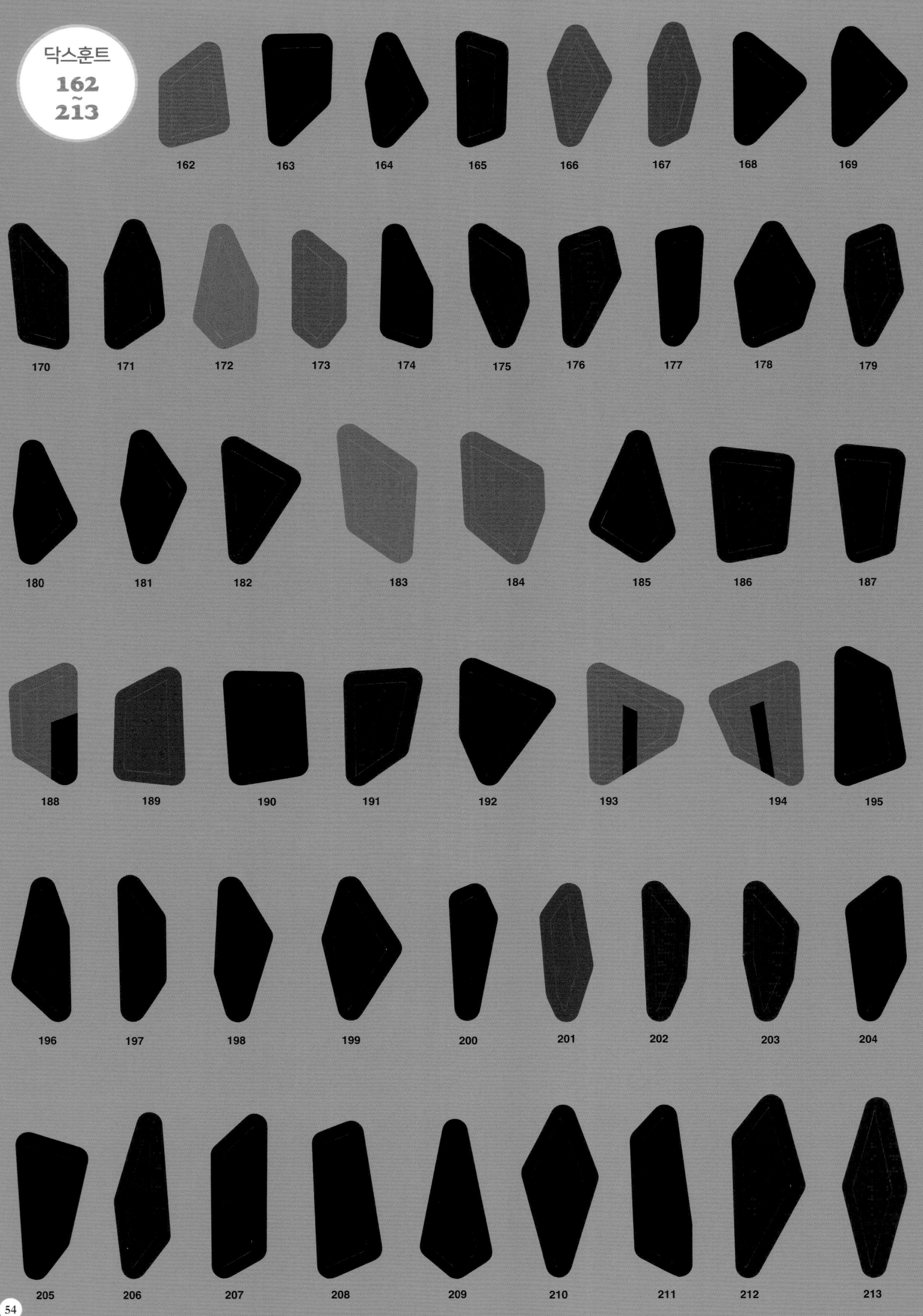

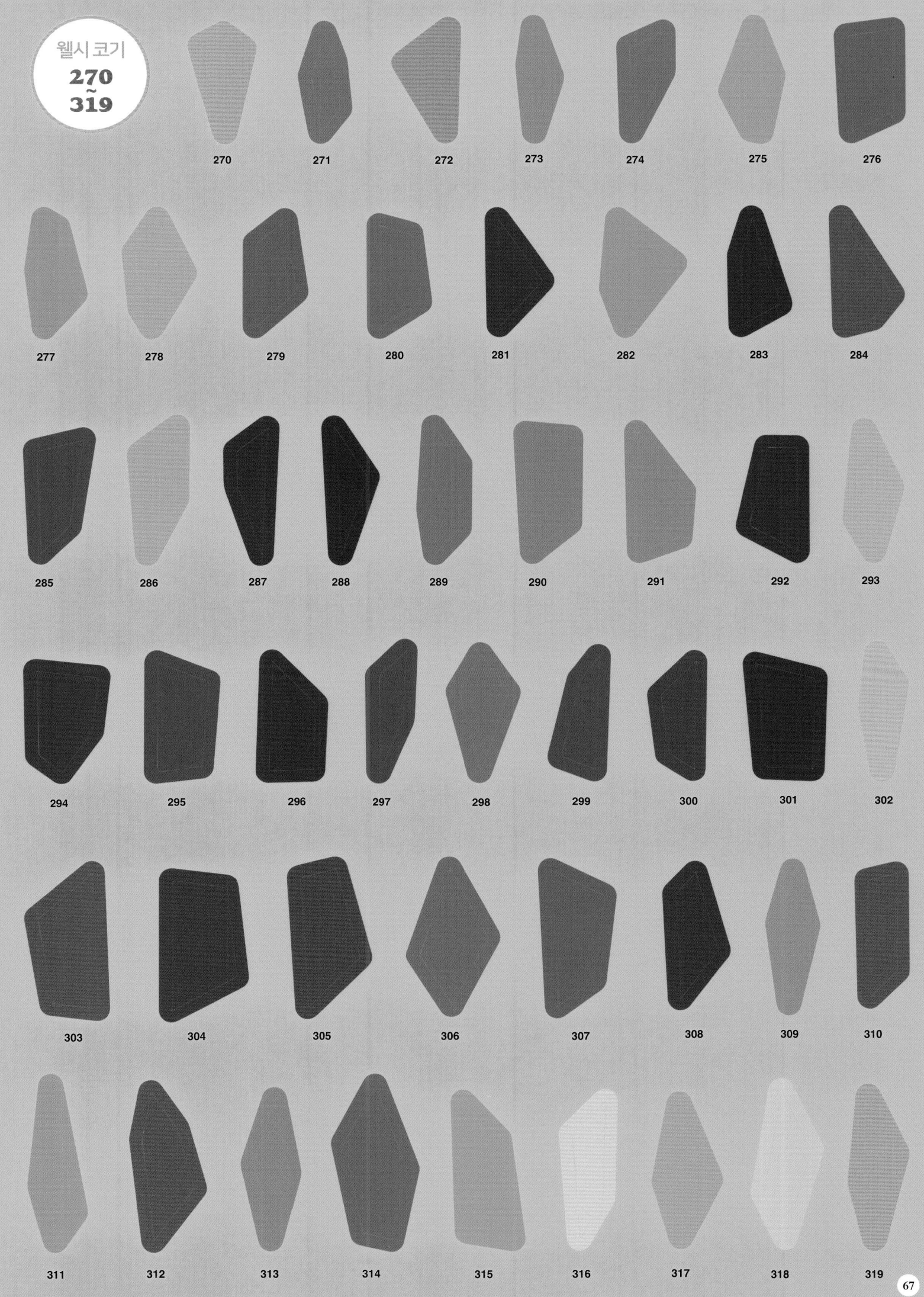

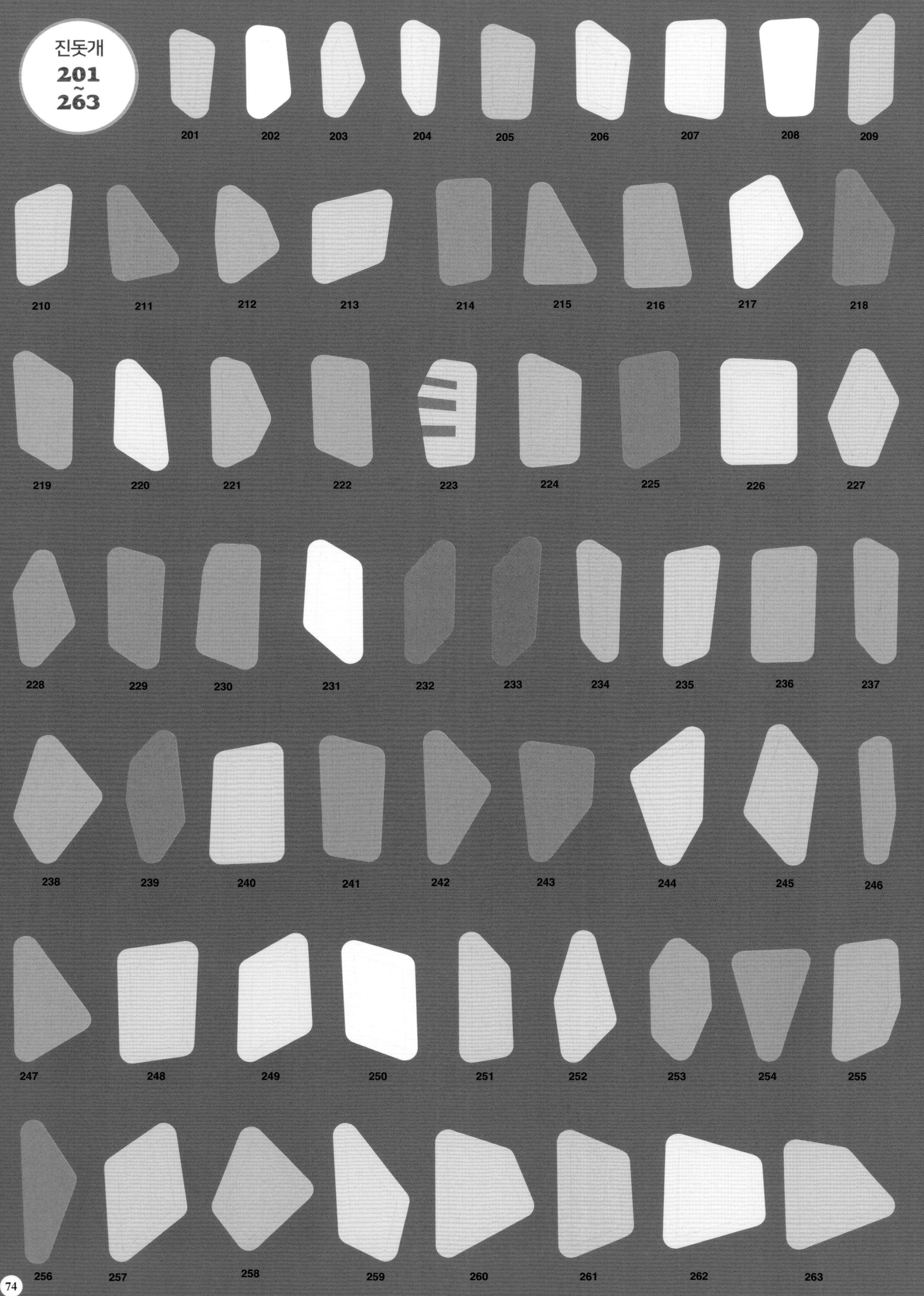